COMPRENDRE LA LITTÉRATURE

MIXTE
Papier issu de sources responsables
Paper from responsible sources
FSC® C105338

FRANZ KAFKA

La Métamorphose

Étude de l'œuvre

© Comprendre la littérature.

1 rue Honoré - 93500 Pantin.

ISBN 978-2-7593-0409-7

Dépôt légal : Octobre 2019

Impression Books on Demand GmbH

In de Tarpen 42

22848 Norderstedt, Allemagne

SOMMAIRE

- Biographie de Kafka.. 9

- Présentation de *La Métamorphose*........................... 13

- Résumé de la nouvelle.. 17

- Les raisons du succès... 23

- Les thèmes principaux.. 27

- Étude du mouvement littéraire.................................. 33

- Dans la même collection... 37

BIOGRAPHIE DE KAFKA

Franz Kafka, écrivain tchèque de langue allemande, voit le jour le 3 juillet 1883 à Prague, dans l'Empire austro-hongrois. Issu d'une famille juive, son enfance est dominée par la figure autoritaire de son père, un commerçant bourgeois qui lui impose une éducation rigide. Cette relation tendue avec son père influencera profondément ses écrits, empreints d'une quête d'approbation et d'une lutte contre l'oppression.

Kafka poursuit ses études en Allemagne, où il s'engage dans des études de droit, conformément aux attentes familiales. Toutefois, c'est durant cette période qu'il développe une passion pour la littérature, sentant naître en lui une vocation d'écrivain. Diplômé en droit, il retourne à Prague et intègre le monde des assurances. Cette expérience professionnelle, loin de le satisfaire, lui inspire un profond dégoût pour la bureaucratie, un thème récurrent dans son œuvre.

En parallèle de sa carrière dans les assurances, Kafka se consacre à l'écriture. En 1912, il rédige *La Métamorphose*, l'une de ses œuvres majeures, qui sera publiée en 1915. Cette nouvelle, où le protagoniste Grégoire Samsa se réveille transformé en insecte, explore les thèmes du rejet social et de l'absurdité de l'existence. Kafka continue d'explorer des univers sombres et sinistres dans des œuvres comme *Le Procès* et *Le Château*, critiques acerbes du système judiciaire et de la bureaucratie.

Sa vie personnelle est marquée par des relations amoureuses tumultueuses et un engagement affectif incertain, reflétant son perpétuel état de doute. Atteint de tuberculose, il est contraint de prendre une retraite anticipée en 1922. Cette maladie, qui l'affaiblit progressivement, ne l'empêche pas de poursuivre son œuvre littéraire.

Kafka meurt le 3 juin 1924 dans un sanatorium près de Vienne, relativement inconnu du grand public. Avant sa mort, il exprime le souhait que tous ses écrits non publiés soient brûlés. Toutefois, son ami Max Brod, désigné comme exécuteur littéraire, choisit de ne pas respecter cette demande et publie de nombreuses œuvres posthumes de Kafka, révélant au monde son génie littéraire.

Les contributions de Kafka à la littérature, notamment à travers des œuvres comme *La Colonie pénitentiaire* et *Un médecin de campagne*, continuent de susciter admiration et réflexion. Sa capacité à dépeindre l'angoisse face à un monde mécanique et impersonnel fait de lui une figure emblématique de la littérature moderne. L'adjectif « kafkaïen », désormais utilisé pour qualifier les situations d'oppression absurde, témoigne de l'impact durable de son œuvre sur la culture mondiale.

PRÉSENTATION DE LA MÉTAMORPHOSE

La Métamorphose, écrite par Franz Kafka et publiée en 1915, d'abord en revue, puis le mois suivant sous forme de livre, est une œuvre saisissante qui narre l'histoire de Grégor Samsa, un jeune homme qui se réveille un matin transformé en un immense insecte. Ce récit, divisé en trois chapitres, explore avec une intensité dramatique l'aliénation, l'isolement et l'effritement des liens familiaux face à l'incompréhensible.

Au début, l'accent est mis sur la confusion et les tentatives de Grégor pour s'adapter à sa nouvelle forme, tout en maintenant un semblant de vie normale. Cependant, le récit évolue rapidement vers une exploration de l'isolement de Grégor, rejeté par sa famille, qui le voit désormais plus comme un fardeau qu'un être cher. Dans la dernière partie de l'histoire, la tension atteint son apogée, aboutissant à une conclusion tragique qui souligne la perte totale de l'humanité et de l'identité de Grégor.

Kafka, avec un style sobre et une économie de langue, réussit à transformer ce récit fantastique en une puissante allégorie de l'existence humaine, marquée par la solitude, la quête de sens et l'impact dévastateur de l'aliénation sur l'individu et les relations familiales. *La Métamorphose* reste une œuvre profonde et perturbante, reflétant la capacité de Kafka à explorer les abîmes de la psyché humaine.

RÉSUMÉ DE LA NOUVELLE

Chapitre 1

Un matin, Gregor Samsa se réveille transformé en un insecte monstrueux. Dans son lit, il constate qu'il a un dos dur comme une carapace et voit son abdomen brun divisé par des arceaux rigides. Sous ses yeux, ses nombreuses pattes fines s'agitent sans coordination. Confus, il se demande ce qui lui est arrivé, réalisant que ce n'est pas un rêve.

Tentant de sortir du lit, Gregor se débat avec son nouveau corps. Il essaie de se retourner et de se lever, mais sa forme d'insecte rend la tâche ardue. La vue de la pluie à travers la fenêtre le rend mélancolique. Il envisage de se rendormir pour oublier sa situation, mais se rend compte que c'est impossible. La sonnerie de son réveil le ramène à la réalité : il a manqué son train pour le travail.

Ses tentatives pour se lever attirent l'attention de sa famille. Sa mère l'appelle, inquiète de son retard au travail. Gregor répond, mais sa voix a changé, ajoutant à la confusion. Son père et sa sœur s'inquiètent également. Le fondé de pouvoir de son entreprise arrive, exigeant une explication suite à son retard. La pression monte, poussant Gregor à vouloir prouver qu'il peut encore assumer ses responsabilités.

En luttant pour ouvrir la porte de sa chambre, Gregor finit par réussir, révélant sa transformation à sa famille et au fondé de pouvoir. Leurs réactions sont de choc et d'horreur. La situation dégénère rapidement : sa mère s'effondre, son père devient hostile et le fondé de pouvoir s'enfuit de l'appartement.

Gregor tente de suivre le fondé de pouvoir, espérant encore trouver une solution, mais il ne fait qu'aggraver la situation. Son père l'attaque avec une canne et un journal, le repoussant violemment vers sa chambre. Blessé et confus, Gregor se retrouve seul, sa transformation ayant irrémédiablement brisé le lien avec sa famille et le monde extérieur.

Chapitre 2

Au crépuscule, Gregor Samsa, réveillé d'un sommeil profond, est attiré vers la porte par l'odeur de la nourriture. Sa sœur a placé une écuelle de lait sucré avec du pain, que Gregor, affamé, tente de manger, mais découvre avec dégoût qu'il ne peut plus apprécier son alimentation habituelle. Le changement dans ses goûts alimentaires est le premier signe tangible de son adaptation à sa nouvelle forme. Dès lors, sa sœur Grete prend soin de lui en lui apportant une variété de nourriture pour tester ses nouvelles préférences.

Les parents de Gregor, tout d'abord incapables de le voir, commencent à s'adapter à la situation. Son père, qui avait cessé de travailler depuis l'échec de son entreprise, est maintenant employé en uniforme, marquant un contraste frappant avec l'image du vieil homme fatigué que Gregor se rappelle. Cette transformation souligne les bouleversements profonds que subit la famille Samsa en réponse à la métamorphose de Gregor.

Grete et leur mère tentent de vider la chambre de Gregor pour lui donner plus d'espace, pensant que cela lui sera bénéfique. Cependant, Gregor est terrifié à l'idée de perdre les meubles qui le rattachent à son humanité perdue. Lorsque sa mère le voit pour la première fois depuis sa transformation, elle s'évanouit, et le père de Gregor, en colère, attaque Gregor en lui jetant des pommes, l'une d'elles se logeant dans son dos, causant une blessure grave.

Chapitre 3

La famille commence lentement à changer leur traitement envers Gregor, montrant plus de patience malgré sa forme répugnante. Maintenant que la porte de sa chambre reste ouverte, Gregor passe ses journées à observer sa famille depuis l'obscurité de la pièce. Les conversations familiales sont désormais silencieuses et tristes, un contraste frappant avec le passé. Le père de Gregor s'endort souvent dans son fauteuil, tandis que la mère et Grete s'occupent de tâches ménagères et d'études dans l'espoir d'améliorer leur situation financière.

La routine de la famille est perturbée lorsque trois sous-locataires emménagent, obligeant la famille à manger dans la cuisine. Un soir, Grete joue du violon pour les locataires dans le salon, et la musique attire Gregor hors de sa chambre. Fasciné par la performance de sa sœur, il se révèle aux locataires, ce qui entraîne une réaction violente de leur part. Les locataires annoncent immédiatement leur souhait de ne pas verser le moindre loyer en raison des conditions inacceptables de l'appartement, exacerbées par la présence de Gregor.

Après le départ des locataires, qui ont été expulsés par le père de Gregor, la famille réalise que Gregor est un fardeau qu'ils ne peuvent plus porter. Grete convainc ses parents qu'il est temps de se débarrasser de Gregor, affirmant qu'ils ont fait tout leur possible pour l'aider. Dans la tristesse et la résignation, ils acceptent cette dure réalité. Gregor est abasourdi par ce qu'il vient d'entendre.

Le lendemain matin, la femme de ménage découvre que Gregor est mort. Elle ouvre les fenêtres de sa chambre pour laisser entrer l'air frais et annonce la nouvelle à la famille. Le soulagement et le chagrin se mêlent chez les Samsa, qui reconnaissent la fin de leur souffrance et de celle de Gregor. La famille décide de prendre un jour de congé pour se promener et discuter de l'avenir. Ils envisagent de déménager dans un appartement plus petit et de chercher un mari pour Grete, qui s'est épanouie et est devenue jolie malgré les circonstances.

LES RAISONS
DU SUCCÈS

Publiée en 1915, *La Métamorphose* s'inscrit dans une période de profonds bouleversements à l'échelle mondiale, marquée par la Première Guerre mondiale et les prémices d'une remise en question des structures sociales, politiques et économiques. Cette époque de transition, caractérisée par une anxiété croissante et un sentiment d'aliénation, trouve un écho puissant dans le récit de la transformation soudaine de Gregor Samsa en un insecte monstrueux. La résonance de ce changement radical avec les incertitudes de l'époque permet à l'œuvre de captiver un large public, sensible à l'exploration des thèmes de l'isolement, de l'identité et de l'incompréhension.

Par ailleurs, dans le paysage littéraire de l'époque, dominé par le réalisme et le naturalisme, Kafka introduit une rupture significative en mêlant éléments fantastiques et réalistes. Cette approche, qui s'éloigne des conventions narratives traditionnelles, interpelle et fascine. *La Métamorphose* se distingue par sa capacité à transcender le réel par le biais du fantastique, tout en conservant une profondeur psychologique et existentielle. Le texte s'inscrit ainsi dans le courant du modernisme littéraire, cherchant à exprimer la complexité de l'expérience humaine face à la modernité, marquée par l'industrialisation, l'urbanisation et l'érosion des liens communautaires. L'œuvre de Kafka devient un symbole de l'angoisse moderne, explorant avec acuité les thèmes de l'aliénation, de la quête d'identité et de la solitude.

Enfin, *La Métamorphose* bénéficie de l'intérêt grandissant pour les œuvres novatrices, capables d'interroger les fondements de la société et de l'individu. Les premières décennies du XXe siècle voient l'émergence de nouvelles formes de communication et de diffusion culturelle, qui contribuent à la propagation rapide des idées et des œuvres littéraires. Les revues littéraires, les cercles d'écrivains et les débats publics jouent un rôle crucial dans la reconnaissance de Kafka. De plus, la figure de l'écrivain en tant qu'artiste tourmenté et visionnaire attire l'attention du public et des critiques, fascinés par sa personnalité énigmatique et la profondeur de ses textes. Cette curiosité médiatique autour de Kafka et son œuvre contribue à inscrire *La Métamorphose* dans la postérité, faisant d'elle un sujet de fascination continue, tant pour les spécialistes que pour le grand public.

LES THÈMES
PRINCIPAUX

La transformation de Gregor Samsa en insecte dans *La Métamorphose* dépeint de manière allégorique sa descente soudaine dans un état de séparation profonde du monde humain et sa lutte pour maintenir une essence d'humanité malgré son apparence répugnante. Cet événement déclencheur plonge Gregor dans une situation où sa présence même devient un pont infranchissable entre lui et sa famille, soulignant ainsi le conflit entre son expérience intérieure et sa nouvelle forme physique.

Au cœur du récit réside la bataille de Gregor pour reconnaître et être reconnu au-delà des perceptions superficielles. Sa famille, incapable de voir au-delà de sa forme extérieure, illustre comment la société évalue les individus sur la base de leur apparence et de leur capacité à remplir des fonctions économiques. Avec la perte de sa capacité à contribuer, Gregor devient un poids, ce qui entraîne une perte de son identité sociale, et par extension, une perte de soi.

Cette histoire explore la séparation non seulement comme un état physique mais aussi comme une expérience psychologique et sociale profonde, avec le rejet progressif de Gregor par sa famille dépeignant la solitude qui accompagne souvent ce détachement. Son désir de maintenir des liens et de trouver un sens à son existence malgré ses circonstances révèle le besoin intrinsèque de connexion et d'acceptation.

La situation de Gregor reflète les dilemmes auxquels sont confrontés ceux qui se sentent en marge d'une société qui privilégie l'uniformité et l'utilité par-dessus l'unicité et la diversité. La narration de sa transformation en une créature que ni lui ni sa famille ne peuvent comprendre questionne nos propres critères de reconnaissance et d'appartenance dans un monde qui semble de plus en plus éloigné de la compréhension et de l'acceptation de l'autre.

D'autre part, face à sa transformation radicale et aux conséquences qui en découlent, Gregor manifeste une adaptation progressive à sa nouvelle condition. D'abord confronté à la répulsion et à l'exclusion de sa propre famille, Gregor tente maladroitement de maintenir des vestiges de sa vie antérieure, cherchant à se raccrocher à son humanité malgré son nouveau corps grotesque. Cette quête de normalité dans l'anormalité soulève la question de l'adaptabilité humaine face aux épreuves, suggérant que notre essence ne réside pas tant dans notre capacité à résister à la tempête, mais plutôt dans notre aptitude à nous y plier sans se briser.

La progression de Gregor vers une sorte de soumission à son sort ne relève pas seulement de l'abandon, mais reflète une compréhension plus profonde de sa condition. Il s'agit d'un voyage intérieur marqué par la désillusion et le détachement progressif des attaches matérielles et sociales qui définissaient son identité préalable. L'indifférence croissante de Gregor face à sa propre déchéance physique et le désintérêt pour les activités qui le passionnaient jadis mettent en lumière une introspection sur ce qui constitue véritablement l'essence de l'être. Cette évolution interne est accentuée par la détérioration de ses relations familiales, qui agissent comme un miroir amplifiant sa propre aliénation.

Par cette métamorphose, Kafka explore non seulement les thèmes de la solitude et de l'exclusion sociale mais aussi ceux de la résilience et de l'acceptation tacite de la condition humaine. Gregor, en se détachant progressivement de son désir de réintégration et en acceptant sa nouvelle forme, incarne la capacité de l'esprit à transcender les afflictions physiques et à trouver une paix intérieure dans l'adversité. La fin tragique de Gregor n'est pas seulement une libération pour lui, mais aussi pour sa famille, soulignant ainsi la complexité des liens familiaux et la notion ambivalente de liberté et de fardeau.

Cette nouvelle capte l'essence d'une lutte universelle contre les forces inexorables de la vie, évoquant une réflexion sur la façon dont nous naviguons à travers les défis inattendus, les transformations personnelles, et notre quête inlassable de sens au sein d'une existence souvent absurde. Gregor, dans sa forme la plus vulnérable et méconnaissable, devient un symbole poignant de la condition humaine, évoquant une méditation sur notre propre vulnérabilité et la recherche d'une acceptation face aux vicissitudes de la vie.

ÉTUDE DU MOUVEMENT LITTÉRAIRE

La Métamorphose se situe aux confins de plusieurs mouvements littéraires, mais elle est le plus souvent associée à l'existentialisme et au surréalisme, tout en préfigurant le théâtre de l'absurde. Ce récit, qui narre la transformation soudaine de Gregor Samsa en un insecte monstrueux, sans raison apparente ni explication, plonge le lecteur dans une réflexion profonde sur l'absurdité de l'existence, la solitude, l'aliénation, et la quête de sens dans un monde indifférent et souvent hostile.

L'existentialisme, mouvement philosophique et littéraire qui a gagné en popularité au milieu du XXe siècle, avec des philosophes comme Heidegger ou Sartre, se concentre sur l'individu, sa liberté de choix, et son combat pour infuser sa vie d'un sens personnel face à un univers indifférent ou absurde. Bien que *La Métamorphose* ait été publiée en 1915, avant l'émergence formelle de l'existentialisme, les thèmes qu'elle aborde correspondent étroitement aux préoccupations existentialistes. La lutte de Gregor pour maintenir une identité et une dignité dans son nouvel état reflète le dilemme existentialiste de l'individu cherchant à définir son essence face à une existence aliénante.

Le surréalisme, quant à lui, est un mouvement artistique et littéraire qui a cherché à libérer l'expression créative des contraintes de la raison et à explorer les territoires du rêve, de l'inconscient et de l'irrationnel. Même si *La Métamorphose* est ancrée dans le réel par son cadre et ses personnages, la transformation inexplicable de Gregor et les événements qui s'ensuivent introduisent un élément de surréalité qui défie la logique et invite à une interprétation symbolique et psychologique. L'œuvre peut ainsi être vue comme une exploration surréaliste des profondeurs de l'esprit humain et des mécanismes de l'aliénation.

Enfin, *La Métamorphose* préfigure le théâtre de l'absurde, et des auteurs comme Beckett ou Ionesco, qui met en scène l'absurdité fondamentale de la condition humaine et la communication impossible entre les individus. À travers la situation de Gregor, devenu incompréhensible pour sa famille et pour lui-même, Kafka anticipe les thèmes et les techniques du théâtre de l'absurde, où le dialogue est souvent déconnecté et les situations, bien que grotesques ou tragiques, reflètent le désarroi existentiel de l'homme moderne.

DANS LA MÊME COLLECTION
(par ordre alphabétique)

- **Anonyme**, *La Farce de Maître Pathelin*
- **Anouilh**, *Antigone*
- **Aragon**, *Aurélien*
- **Aragon**, *Le Paysan de Paris*
- **Austen**, *Raison et Sentiments*
- **Balzac**, *Illusions perdues*
- **Balzac**, *La Femme de trente ans*
- **Balzac**, *Le Colonel Chabert*
- **Balzac**, *Le Lys dans la vallée*
- **Balzac**, *Le Père Goriot*
- **Barbey d'Aurevilly**, *L'Ensorcelée*
- **Barbey d'Aurevilly**, *Les Diaboliques*
- **Bataille**, *Ma mère*
- **Baudelaire**, *Les Fleurs du Mal*
- **Baudelaire**, *Petits poèmes en prose*
- **Beaumarchais**, *Le Barbier de Séville*
- **Beaumarchais**, *Le Mariage de Figaro*
- **Beauvoir**, *Mémoires d'une jeune fille rangée*
- **Beckett**, *Fin de partie*
- **Brecht**, *La Noce*
- **Brecht**, *La Résistible ascension d'Arturo Ui*
- **Brecht**, *Mère Courage et ses enfants*
- **Breton**, *Nadja*
- **Brontë**, *Jane Eyre*
- **Camus**, *L'Étranger*
- **Camus**, *Le Mythe de Sisyphe*
- **Carroll**, *Alice au pays des merveilles*
- **Céline**, *Mort à crédit*

- **Céline**, *Voyage au bout de la nuit*
- **Chateaubriand**, *Atala*
- **Chateaubriand**, *René*
- **Chrétien de Troyes**, *Perceval*
- **Cocteau**, *Les Enfants terribles*
- **Colette**, *Le Blé en herbe*
- **Corneille**, *Le Cid*
- **Crébillon fils**, *Les Égarements du cœur et de l'esprit*
- **Defoe**, *Robinson Crusoé*
- **Dickens**, *Oliver Twist*
- **Du Bellay**, *Les Regrets*
- **Dumas**, *Henri III et sa cour*
- **Duras**, *L'Amant*
- **Duras**, *La Pluie d'été*
- **Duras**, *Un barrage contre le Pacifique*
- **Flaubert**, *Bouvard et Pécuchet*
- **Flaubert**, *L'Éducation sentimentale*
- **Flaubert**, *Madame Bovary*
- **Flaubert**, *Salammbô*
- **Gary**, *La Vie devant soi*
- **Giraudoux**, *Électre*
- **Giraudoux**, *La Guerre de Troie n'aura pas lieu*
- **Gogol**, *Le Mariage*
- **Homère**, *L'Odyssée*
- **Hugo**, *Hernani*
- **Hugo**, *Les Misérables*
- **Hugo**, *Notre-Dame de Paris*
- **Huxley**, *Le Meilleur des mondes*
- **Jaccottet**, *À la lumière d'hiver*
- **James**, *Une vie à Londres*
- **Jarry**, *Ubu roi*
- **Kafka**, *La Métamorphose*
- **Kerouac**, *Sur la route*

- **Kessel**, *Le Lion*
- **La Fayette**, *La Princesse de Clèves*
- **Le Clézio**, *Mondo et autres histoires*
- **Levi**, *Si c'est un homme*
- **London**, *Croc-Blanc*
- **London**, *L'Appel de la forêt*
- **Maupassant**, *Boule de suif*
- **Maupassant**, *La Maison Tellier*
- **Maupassant**, *Le Horla*
- **Maupassant**, *Une vie*
- **Molière**, *Amphitryon*
- **Molière**, *Dom Juan*
- **Molière**, *L'Avare*
- **Molière**, *Le Malade imaginaire*
- **Molière**, *Le Tartuffe*
- **Molière**, *Les Fourberies de Scapin*
- **Musset**, *Les Caprices de Marianne*
- **Musset**, *Lorenzaccio*
- **Musset**, *On ne badine pas avec l'amour*
- **Perec**, *La Disparition*
- **Perec**, *Les Choses*
- **Perrault**, *Contes*
- **Prévert**, *Paroles*
- **Prévost**, *Manon Lescaut*
- **Proust**, *À l'ombre des jeunes filles en fleurs*
- **Proust**, *Albertine disparue*
- **Proust**, *Du côté de chez Swann*
- **Proust**, *Le Côté de Guermantes*
- **Proust**, *Le Temps retrouvé*
- **Proust**, *Sodome et Gomorrhe*
- **Proust**, *Un amour de Swann*
- **Queneau**, *Exercices de style*
- **Quignard**, *Tous les matins du monde*

- **Rabelais**, *Gargantua*
- **Rabelais**, *Pantagruel*
- **Racine**, *Andromaque*
- **Racine**, *Bérénice*
- **Racine**, *Britannicus*
- **Racine**, *Phèdre*
- **Renard**, *Poil de carotte*
- **Rimbaud**, *Une saison en enfer*
- **Sagan**, *Bonjour tristesse*
- **Saint-Exupéry**, *Le Petit Prince*
- **Sarraute**, *Enfance*
- **Sarraute**, *Tropismes*
- **Sartre**, *Huis clos*
- **Sartre**, *La Nausée*
- **Senghor**, *La Belle histoire de Leuk-le-lièvre*
- **Shakespeare**, *Roméo et Juliette*
- **Steinbeck**, *Les Raisins de la colère*
- **Stendhal**, *La Chartreuse de Parme*
- **Stendhal**, *Le Rouge et le Noir*
- **Verlaine**, *Romances sans paroles*
- **Verne**, *Une ville flottante*
- **Verne**, *Voyage au centre de la Terre*
- **Vian**, *J'irai cracher sur vos tombes*
- **Vian**, *L'Arrache-cœur*
- **Vian**, *L'Écume des jours*
- **Voltaire**, *Candide*
- **Voltaire**, *Micromégas*
- **Zola**, *Au Bonheur des Dames*
- **Zola**, *Germinal*
- **Zola**, *L'Argent*
- **Zola**, *L'Assommoir*
- **Zola**, *La Bête humaine*
- **Zola**, *Nana*